CW01666144

Attention au crocodile !

Attention au crocodile !

Texte de Lisa Moroni
illustrations d'Eva Eriksson

Pastel
l'école des loisirs

« On y va ! On y va ! » crie Tora
en courant comme une folle dans la maison.
C'est le premier jour des vacances de Papa
et ils vont enfin faire quelque chose de chouette.
Ils vont aller dans la forêt et planter leur tente
au milieu des bêtes sauvages.
Il est grand temps, se dit Tora.
Papa ne fait que des trucs pas drôles :
il travaille, il boit des cafés, il reste collé
à son ordinateur et à son téléphone…
C'est vraiment un papa ennuyeux !

«Mais d'abord, il faut faire les courses, dit Papa.
Il n'y a pas de magasins en pleine nature.»
Tora pousse un énorme soupir.
Elle, elle trouve qu'ils n'auront qu'à manger
des groseilles et des champignons en jouant
aux hommes des cavernes.
Mais Papa va quand même au supermarché.
Quel papa ennuyeux !

Après avoir passé la moitié de la journée à faire les courses,
il faut prendre la voiture. Pendant super longtemps !
Pourquoi la forêt est-elle si loin ? Tora se dit que,
quand elle sera grande, elle habitera *dans* la forêt.

Finalement, ils arrivent en pleine nature.
Mais où sont toutes les bêtes sauvages ?
«Il faut regarder très attentivement, dit Papa.
Elles ne sont pas toujours faciles à trouver.»

Tora regarde attentivement partout, mais elle ne voit pas un seul animal. Papa regarde son GPS, il n’en voit pas non plus.

mais un dragon des eaux qui dort dans le lac.
«Il dort toute la journée et se réveille quand le soleil se couche »,
murmure Papa. D'ailleurs, le dragon ouvre ses yeux jaunes et brillants
pour regarder autour de lui. «Il est dangereux ? chuchote Tora.
Imagine un peu qu'il nage par ici et nous dévore !»

Enfin, Tora et son papa s'installent. Finalement, c'était une bonne idée d'avoir acheté à manger. Quand on s'est battu avec des crocodiles affamés, les saucisses, ça fait du bien… L'eau du lac scintille, pleine de mystères. Tora demande si quelqu'un habite sur l'île au milieu du lac.
«Mais enfin, Tora, ce n'est pas une île. Tu ne vois pas ce que c'est ?»
Tora regarde attentivement et, bien sûr, ce n'est pas une île…

Tora doit le sauver ! Elle lutte avec le crocodile
jusqu'à ce que Papa regagne la terre ferme.
Le crocodile est super fâché ! Il ouvre grand la gueule !
Et, juste quand il va la refermer, Papa tire Tora à l'abri.
Ouf, il s'en est fallu d'un cheveu !

Elle saute. Et hop ! Elle traverse.
Mais que se passe-t-il ? Le crocodile adore sûrement les jambes des papas bien coriaces !
«Au secours !» hurle le pauvre papa.

un crocodile ! Un crocodile qui a faim
de jambes d'enfants bien croquantes.
«Tu vas y arriver, dit Papa. Tu sais si bien sauter.»
Alors, va-t-elle oser ? Tora est bonne en saut.
Et rapide aussi.

Mais quelle chance ! Papa est là.
Et il reste un fleuve à traverser. Même si Papa appelle ça un ruisseau. « On va traverser le ruisseau sur ce tronc, dit-il. C'est fastoche comme tout. »
Tora regarde l'eau marron. Papa a perdu la tête ou quoi ? Ce n'est pas un tronc, c'est…

Les elfes qui dansent, bien entendu !
« Tora, attends ! Ne t'éloigne pas ! »
Tiens, cette fois-ci, Papa a l'air d'avoir un peu peur.
Sa voix se perd dans le brouillard. Tora aussi. Oui,
elle disparaît totalement. Elle ne voit plus les elfes, ni Papa.
Rien que le brouillard. Ça donne des frissons !

«On va bientôt dresser le camp, dit-il. Mais il faut d'abord qu'on traverse cette nappe de brouillard.»
Tora détale à toute allure, car elle sait *qui* aime le brouillard…

des trolls des bois ?»
Papa secoue la tête. Il ne voit pas de troll des bois.
Tora s'en fiche. Elle s'amuse avec les trolls. Elle lance même un bâton à leur chien fou pour qu'il le rapporte.
Papa finit par décider qu'ils doivent continuer leur chemin.

Soudain, Papa s'arrête net. Il soupire tristement.
Il dit que, quand il était petit, il y avait ici une vraie forêt enchantée. Maintenant, il ne reste plus que des souches.
Tora regarde alentour. «Des souches ? Tu es sûr ?
Tu ne vois pas qu'en fait ce sont…

quatre hippopotames qui se prélassent au soleil. Ils seraient vraiment furieux si Tora grimpait sur leur dos. Papa ne comprend donc pas ça ? Il vaut mieux s'éloigner et laisser les hippopotames bronzer en paix.

Mais cet ennuyeux de papa arrive tout de suite
et lui dit de se méfier des tiques. Et il fait fuir le lion.
«À la place, tu peux grimper sur ces rochers», dit-il.
«Quels rochers ? Ce ne sont pas des rochers !»
Ce sont…

ISBN 978-2-211-22467-3

© 2016, *l'école des loisirs*, Paris, pour la présente édition
dans la collection « Kilimax »
© 2014, *l'école des loisirs*, Paris, pour l'édition en langue française

© 2013, Lisa Moroni, pour le texte
© 2013, Eva Eriksson, pour les illustrations
Titre original : "Se upp för krokodilen !",
Bonnier Carlsen Bokförlag, Stockholm
Publié en français par l'intermédiaire
de *Bonnier Group Agency*, Stockholm, Suède

Traduit et adapté du suédois par Alain Gnaedig

Loi 49956 du 16 juillet 1949 sur les publications
destinées à la jeunesse : mars 2014
Dépôt légal : janvier 2016
Typographie : *Architexte*, Bruxelles
Imprimé en France par *Pollina* à Luçon - L73832

Édition spéciale non commercialisée en librairie

Et bonne nuit le serpent, et les girafes, et le lion, et les hippopotames, et tous les trolls des bois, les elfes et le terrible crocodile.

Et bonne nuit à toi, le meilleur papa du monde.

«Ne t'inquiète pas. Il est gentil, il ne mange que des bâtonnets de poisson pané.» Tora se rapproche de Papa et bâille.
Elle observe longtemps le gentil dragon qui ne mange que des bâtonnets de poisson pané.
«Bonne nuit, le dragon…»

le lion à l'affût dans la savane.
Tora s'approche prudemment.

Papa ne voit pas les girafes
parce qu'il est au téléphone.
Il ne voit pas non plus…

Un troupeau de girafes qui tendent
leurs longs cous et broutent les feuilles
tout en hauteur.

Puis, ça recommence : il voit quelque chose ! Un écureuil ! « Où ça, où ça ? » demande Tora. « Là ! Juste derrière le bosquet de bouleaux ! Tu ne le vois pas ? » Non, Tora ne voit pas l'écureuil, même avec les jumelles. Parce qu'elle a repéré autre chose…

«C'est juste une racine», rit Papa
et il marche sur le serpent.
Il n'a pas eu peur. Même pas *un peu*.
Quel papa ennuyeux !

Oh là là ! Soudain, Tora aperçoit un autre animal – un serpent ! C'est sûrement un boa. Ou peut-être un anaconda. En tout cas, il est énorme, et il barre tout le chemin. Comment vont-ils passer ?

Mais Tora ne voit pas le pic-vert.
«Oh, il vient de s’envoler», dit Papa.
Il est idiot, ce pic-vert, pense Tora.
Le bébé fourmi est parti, lui aussi.

Et puis, au moment où Tora découvre
un minuscule bébé fourmi, Papa s'écrie :
« Regarde, tu vois le pic-vert ? »
« Où ça, où ça ? »
« Là, là ! » dit-il en pointant le doigt.